# عشق چیست؟

از مجموعه کنفرانس‌های

دکتر ملیحه حیدرنژاد

کنفرانس هلند

**Dr. Malie Hidarnejad**

لطفا توجه داشته باشید که اطلاعات درون این سند، فقط برای مقاصد آموزشی و سرگرمی بوده و تلاش فراوانی برای ارائه اطلاعات دقیق، به‌روز، قابل اعتماد، و کامل صورت گرفته است. هیچ گونه ضمانتی به صورت صریح یا تلویحی اعلام نمی‌شود و خوانندگان باید این موضوع را بدانند که نویسنده در ارائه مشاوره‌های حقوقی، مالی، پزشکی یا حرفه‌ای فعالیت نمی‌کند. محتوای این کتاب از منابع مختلفی گرفته شده است و قبل از امتحان کردن هر تکنیکی که در این کتاب بیان شده، لطفا با یک متخصص مشورت کنید.

با مطالعه ی این سند، خواننده موافقت می‌کند که نویسنده تحت هیچ شرایطی مسئول هیچ گونه ضرر و زیان چه مستقیم یا غیرمستقیم که بر اثر استفاده از اطلاعات درون این سند به وجود آمده، نخواهد بود. این موضوع شامل اشتباهات و خطاها، عدم ارائه هشدار های لازم، عدم دقت و البته موارد دیگر است.

# مقدمه

زمانی که عاشق می‌شویم دریچه‌ای به روح و معنویت باز می‌کنیم. در یک رابطه متقابل زمانی خود پائین (مادی و زمینی) و یا خود برتر (روحی و معنوی) را تجربه می‌کنیم.لازمه این تجربه تعهد می‌باشد که بسیاری افراد با آن مشکل دارند. دلایل بسیار زیادی در نگرش روان شناسانه وجود دارد که چرا شخص نمی‌تواند تعهد بدهد و یا در تعهد باقی بماند. از جمله، تفاوت‌های شخصی، خواسته‌ها و الگوهای رفتاری متفاوت و غیره را میتوان نام برد. اما در یک نگرش معنوی(خود برتر) تعهد ما را مستقیما به شکاف بین نیاز یا خواسته یا شهوت و روح می‌اندازد.

ایجاد تعادل بین عشق و نیاز، آرامش را به وجود می‌آورد. رابطه‌ای که بر مبنای احتیاج پایه ریزی شده باشد عشق نیست و دو نفر باید سعی کنند که از خواسته‌های خود برای دیگری صرف نظر کنند و چنانچه مشهود است احساس محدود بودن و در بند بودن باعث ایجاد بیماری‌هایی می‌شود. یا این که تسلیم باشند و از خود برتر یعنی خودی که وصل شده، استفاده کنند تا بتوانند حس آزادی و عشق را به همدیگر بدهند.

شهوت در خدمت رفع خواسته‌ها و معنویت در خدمت عشق می‌باشد. حد فاصل بین نیازهای مادی ومعنویت فقط از طریق تسلیم وایمان پر می‌شود که خود پل ارتباطی ما بین نیاز و معنویت می‌باشد و عشق تنها نیرویی است که این کار را امکان پذیر می‌کند.

ایمان، مکانیزم ارتباطی بین خود پائین و خود برتر می‌باشد و عشق نیروی ارتباطی بین این دو است. عبور از ترس ها، باید ها، قضاوت و خالی کردن قلب بیگانگان، محرکه این ارتباط می‌باشد.

در جایی که روح یا معنویت اصلا" خواسته‌های مادی را در نظر ندارد بلکه بودن در لحظه، عشـق،آزادی، خلاقیت، یگانگی و تمایل را می‌جوید؛ تمایل در سطحی کاملا" متفاوت از خواسته مادی قرار دارد.( فنجان و گالون یا روح و جسـم). زمانی که این سـطح تمایل معنوی در انسان پدیدار می‌گردد میتوان با دیگری بدون برخورد و یا به حداقل تنش در ارتباط باشیم.

این گونه ارتباط و موانسـت فقط در حالت هسـته‌ای عمیق و تسلیم خالصانه، امکان پذیر می‌باشد. تسلیم به مفهوم آگاه بودن و بیدار بودن به آنچه اکنون (لحظه) در حال گذر است و نه تحمیل توقعات گذشته، تسـلیم به مفهوم داشتن ایمانی که قدرت عشـق می‌تواند هر جریانی را بپذیرد حتی اگر نمی‌توان نتیجه آن جریان را پیش بینی کرد. تسلیم به مفهوم تسـلیم به نیاز و یا  غرور مادی شخص نیسـت؛ بلکه مفهومی عمیق‌تر در نوع رابطه‌ای روحانی اسـت. زیرا دو نفر در سـطح احتیاج نمی‌توانند خواسته‌های یک جور و یکسانی داشته باشند. اما در سطح معنوی و روحانی هر دو نفر در همه وقت خواسته و یا نوع نگرششان در کلیتی یکسان هست، چون از منبع بزرگتری انرژی در یافت می‌کنند.

عشـق، تمایل و یا خواسته نیست، عشق نیروی جاذبه‌ای است که در کهکشان، تواضع و تسلیم را به وجود می‌آورد ( زمین و ماه). شهوت ترس و کنترل را به همراه دارد و به مفهوم نیازی اسـت که در ما انگیزه خواستن را به وجود می‌آورد و در دنیای مادی فقط مادیات را طلب می‌کند. به عبارت دیگر به دنبال این خواسته‌ها و اهداف رفتن, شخص مقابل را از میدان، خارج یا خاموش و له می‌کند. مگر این که

دیگری در همان خط خواسته‌ها قرار داشته باشد و تشخیص دهد که شخص مقابل مهم‌ترین است.

دکترملیحه حیدرنژاد

# ایجاد ارتباط سالم عاطفی

ارتباط زیر بنای اعتماد است و برای ایجاد یک رابطه سالم و عاطفی نخست باید خود را شناخت! مهمترین عامل ایجاد رابطه سالم پذیرش آنچه هست و نه آنچه که باید باشد!

## لازمه داشتن یک رابطه سالم

- احساس امنیت

- ارتباط متقابل

- عشق نه چسبندگی

- ایمان

- خدمت

- پیوند با جهان هستی( رسالت)

**دو نفر در سطح خود بالاتر و خدا گونه می‌توانند به یک رابطه سالم برسند!**

## چرا خود را باید شناخت؟

- شناخت گیرها و در چاله افتادن‌ها در زندگی، از این رابطه به آن رابطه، از این کار به آن کار، از این دوست به آن دوست

- شناخت قدرت‌های نهفته در من، مانند قدرت ارتقاء، رهبریت و همچنین شناخت قدرت‌های نهفته دیگر مثل خود هماهنگی و یا قدرت صدمه پذیری و ...

- پیدا کردن رسالت زندگی

- جلوگیری از صدمات (نینداختن خود در دیگ آب جوش)

- جلوگیری از مظلوم نمایی( تو بر سر من می‌آوری!)

- در دســت داشـــتن هدایت خودم، اگر بدان که این جاده را من نمی‌توانم طی کنم، خودم را آنجا قرار نمی‌دادم که بگویم تو به من صدمه زدی؛ بلکه بگویم من خود را بر اساس عدم شناخت از قدرت هدایت خود، در این جاده پر دســت انداز و پر پیچ و خم قرار دادم...

دو انسان می‌توانند با قرض گرفتن خصلت‌های شایسته از طرف مقابل در جهت شفای دردهای خود و ارتقاء فردی استفاده کرده و غرور را که همان من در حال تجربه می‌باشد با من درون آشـنا کنند.

**زن و مرد با گذشته‌هایی متفاوت، وارد حالی**

**می شوند که گذشته‌ای ندارد و هر قدمی که برمی‌دارند ناشناخته می‌باشد!**

**و در حال، گذشته را باهم می‌سازند!**

1- عشق چیست؟

- آیا میتوان عشـــق را تعریف کرد و به درسـتی میزانش را اندازه گرفت؟

2- عاشق شدن چرا و با چه کسی؟

- چه چیزهای مهمی در انتخاب یک یار برای ما مهم اسـت؟ (معیارهای انتخاب)

- آیا مردان و زنان از کیفیت مشـــابهی برای انتخاب یارشـــان استفاده می‌کنند؟

3- چگونگی شکل گیری و پرورش نزدیکی؟

- فرق نزدیکی با دوستی چیست؟

4- مسایل مربوط به رابطه‌های عاشقانه؟

- آیا رابطه جنسی رابطه را عمیق‌تر می‌کند؟

- آیا احساس حسادت یکی از علایم عشق می‌باشد؟

5- چگونگی نگه داشتن رابطه‌ای خوشحال و راضی

- چه خواص مشترکی رابطه‌های عاشقانه و با دوام دارند؟

# عشق چیست؟

عشق یک نوع برخورد خاص است با دو رکن بسیار قوی احساسی و رفتاری، پدیده‌ای که به راحتی نمی‌شود آن را تعریف کرد. عشق می‌تواند برای افراد مختلف مفاهیم مختلفی داشته باشد. عشق به حالت‌های مختلفی توصیف شده از آن جمله می‌توان به نکات زیر اشاره کرد:

- یک احساس بسیار ابتدایی انسان مانند ترس، عصبانیت یا شادی.

- عشق صبور و مهربان هست، حسود نیست، بی ادب و از خود راضی نیست.

- عشق در راه خودش پافشاری نمی‌کند، ناراحت کننده و عصبی نیست و از ناراحتی دیگری خوشحال نمی‌شود.

- عشق همه چیز دارد، به همه چیز اعتماد دارد و به همه چیز امید دارد.

- برای همه چیز اهمیت قائل است

- عشق یک جنون موقتی است که با ازدواج و یا از بین بردن علت به وجود آورنده اش شفا می‌یابد.

- عشق آن حالتی است که شادی دیگری برایش مهمتر از شادی خودش می‌باشد.

## آیا می‌شود عشق را اندازه گرفت؟

بعضی از روانشناسان و در سر گروه آنان آقای زیک رابین (Zick Rubin) مقیاسی به وجود آورد که آن را ترازوی عشق (Love Scale) نام نهاد. وی پس از تحقیقات بر روی چند صد زوج عاشق، عشق را بدین گونه توصیف کرد:

" در عشق سه مهره اصلی وجود دارد که عبارتند از: وصل شدن، علاقه و اهمیت دادن، نزدیکی  (Attachment. Caring ,Intimacy)

- وصل شدن که همان حضور جسمی و فیزیکی و حمایت روانی و احساسی است شخص دیگر است.

- علاقه داشتن و اهمیت دادن، اهمیت دادن شخص به خوبی و خوشی و راحتی دیگری.

- نزدیکی، همان علاقه برای ایجاد رابطه نزدیک و محرمانه با شخص دیگر است.

نتیجه این تحقیق به وسیله این روانشناس به ثبت رسیده. وی هم چنین اعلام کرد که عاشق و معشوق وقت بسیار زیادی را صرف نگاه کردن در چشمان یکدیگر می‌کنند، آنانی که رابطه ضعیف عشقی دارند کمتر در چشمان یکدیگر می‌نگرند و عشاقی که عشقی بزرگ دارند بیشتر در چشمان یکدیگر نگاه می‌کنند.

### آیا عشق انواع مختلف دارد؟ انواع آن کدام است؟

عشق را می‌توان در گزینه‌های زیر قرار داد:

- عشق بین والدین و فرزندان و دیگر اعضای خانواده

- عشق بین دوستانی که به راحت بودن یکدیگر اهمیت می‌دهند

- عشق آتشین رویایی و رمانتیک (Passionate)

- عشق همراه با متانت و درک (Compassionste)

### عشق و رابطه بین والدین و فرزندان

**پدر و مادر از بروز خود پنهان فرزندان جلوگیری می‌کنند!**

یکی از ابتدایی ترین رابطه‌ها و عشقی که در طبیعت یافت میشود عشق والدین به فرزندان است. این عشق در حیوانات به صورت

غریزی عمل می‌کند، حال آنکه در انسان به دلیل جدا شدن و دور شـدن وی از طبیعت این غریزه کمتر به صـورت طبیعی عمل می‌کند.

نسـبت قدرت و توانایی انطباق پذیری انسـان با شـرایط و محیط جدید رابطه‌ای مسـتقیم با سـلامت روان او ( کودک درون) دارد که در دوران رشد تکاملی پایه ریزی و شکل گرفته است.

در این حال شخص در تلاطمی از منطبق ساختن خویش با محیط جدید و پاسـخگویی به نیازهای خانواده و محیط، هر روز سـردر گمتر و کلافه‌تر می‌گردد. سـنگینی کوله باری از رنج ها، دردها و خشم حاصله از تجربیات گذشته را که هنوز بر زمین نگذاشته هر چه سـنگین با خود حمل می‌کند. هم چون آتشـفشـانی در حال فعالیت پر جوش و خروش هر لحظه در حال انفجار، لحظـات زندگی را طی می‌کند. در این بین اسـت کـه زخم‌ها در وجود کودک شـکل میگیرند و از او کودکی زخم خورده می‌سازند. این کودک زخمی درون اسـت کـه زندگی را آلوده و خراب می‌کند! کودک زخمی دچار انواع بیماری‌ها می‌گردد.

انزواگرایی، پرخاشـگـری، بی حوصـلـگی مفرط، کم و یا پر اشـتـهایی، انواع اعتیادها، بی انگیزگی و اقرار و اصـرار در بسـیاری از فعالیت‌های زندگی از آن جمله اند. ما به همان گونه که در کودکی آزار و تنبیه شـده ایم خودرا تنبیه می‌کنیم. کودک زخمی دورن مسـئول به وجود آورنده بسـیاری از بحران‌ها و نارسـایی‌های جوامع می‌باشـد! وی با ترس و خاطرات گذشـته دست و پنجه نرم می‌کنند. زمانی که می‌ترسـد خاطرات درد آور گذشـتـه که از طریق پدر و مادر به او تحمیل شـده به خاطرش می‌آید و نا خود آگاه

باعث بی‌ارزشی و بی قدرتی خود پدر و مادر می‌شود!

این گونه رفتارهای آزار دهنده ناشـــی از صـــدمات و آزارهای مختلف دوران کودکی هستند.

این حالت هم چنین شـامل کودکانی اسـت که زیاد از حد معمول به نیازهایشـان رسیدگی شـده و یا بی حد و مرز به خواسته‌های آنها گوش داده شـــده و یا عمل کرده باشـــند. با توجه بیش از حد نیز کودک حس برتری طلبی و عـدم حس مسـئولیت در مقابـل اعمالشان داده می‌شود.

**<u>انواع برخورد پدر و مادر</u>**

۱- پدر و مادرهای دیکتاتور و مستبد و زورگو آنانی هسـتند که رابطه یک طرفه‌ای مبتنی بر ضـــابطه و نظم ظاهر ما بین خود و فرزندشـان به وجود آورده اند و فرزندی پرورش داده اند که له شـــده با عدم اعتماد به نفس و حرمت نفس ,درون گرا و بیمار گونه اسـت. قدرت بیش از حد والدین در مقابل کودک او را ضـــعیف النفس و بی اراده می‌سـازد. کودک پیوسته خود را خوار و زبون میپندارد.

شخصیتی است مطیع، سربه راه و به عبارتی توسری خور.

رابطه یک طرفه- پدر مادر مستبد

۲- پدر و مادرهای غایب و له شـده و بی اعتنا دارای بی نظمی کامل و عدم چهار چوبه و محدوده هسـتند که باعث می‌شـود

فرزند قدرت را به دست بگیرد .پدر و مادری مطیع و کودک به وجود می‌آورد. این برخورد با فرزندان، فرزندی گیج و در هم که کششی به سوی خود کشی از خود نشان می‌دهد. کودک دارای شخصیتی بیرون گرا، عوام فریب و متظاهر است به طور کلی دارای شخصتی بادکنکی می‌باشد. شخصیتی همراه با اضطرابات عصبی ( Neurotic Anxiety)

رابطه یک طرفه - پدر و مادر پدر و مادر‌های بی اعتنا و له شده

3- پدر مادر‌های متعادل به وجود آورنده رابطه‌ای دو طرفه،

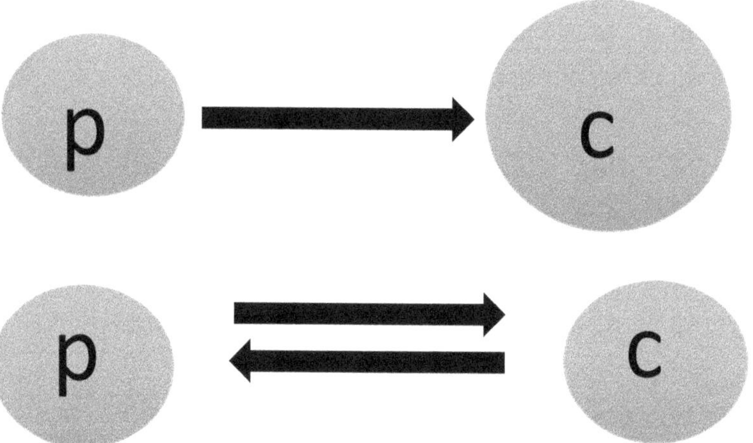


همراه با احترام متقابل، گوش کردن به یکدیگر، ایجاد فضایی برای رشد فرزندان، مشورت با دیگری در این نوع رابطه نقش به سزایی دارد. محدوده‌ها کاملا" مشخص شده. هر کس در حریم خویش عمل می‌کند.

**رابطه دوطرفه-پدرومادرهای متعادل**

<u>ناراحتی‌های عصبی</u>

زمانی که عشق به کودک مشروط می‌شود شخصیت کودک مشخصات زیر را نشان می‌دهد:

- من از طریق رابطه عمیق عاطفی بدون قضاوت شکل نگرفته

- آینه پدر و مادر برای تعکیس تمام وجود کودک شـــفاف نبوده و کودک نتوانسته خود را بشناسد و دریابد.

- کودک حس نکرده که از جانب پدر و مادر مورد قبول و تایید، مورد استفاده دوسـت داشـتن و مهم و قابل اهمیت بوده، لذا حس "من هسـتم" ارضـاء نشـده و کودک زخمی درون هنوز به دنبال ارضای این حس می‌گردد.

- شـخص عصبی دنبال عشـق، توجه و دوسـت داشـتن عاطفی می‌گردد تا کودک زخمی درون را آرام کند. این خواسته‌ها هرگز ارضـا نمی‌شـوند زیرا این‌ها خواسـته‌های کودک هستند و کودک همواره پدر و مادرش را نیاز دارد چون طبیعتش این است. چون نیازش به وسـیله دیگران رفع می‌شـود نه خودش،لذا به دیگران وابسته می‌شود.(شخص عصبی)

## علایم رفتاری اشخاص عصبی

در اشخاص عصبی می‌توان علایم زیر را یافت:

- نـا امیدی از یک رابطـه بعد از دیگری، بـه طور هیچ گـاه در رابطه‌ای خشنود نیست.

- همیشـه دنبال معشـوق بی نقص می‌گردند تا نیازهایشـان را بر طرف سازند.

- دچار انواع اعتیادها به خصوص اعتیادهای عشقی و جنسی برای پر کردن خلاء روانی خود هستند!

- اعتقاد پیدا می‌کنند کـه اگر همـه چیز را کنترل کنند هیچ کس نمی‌تواند آنها را غافل گیر کرده ویا صـدمه بزند. اعتیاد به کنترل کردن همه چیز و همه کس در کلیه احوال.

- هیچ کاری از جانب دیگری را نمی‌پسندند و تا آن کار را خودشان انجام ندهند راضی نمی‌شوند.

- دایم در حال از خود مایه گذاشـتن بیش از حد برای کسـب کنترل در انواع مختلف آن از قبیل پول، کار، فداکاری و غیره هستند.

- با افراط در ماده گرایی( به خصوص پول گرایی) می‌خواهند حس ارزش به خود را پیدا کنند. ارزش به خود را فقط در به دسـت آوردن بیشتر و بیشتر می‌بینند.

- بـه دنبـال تحسـین شـدن دایم هسـتند به همین دلیل معمولا" ورزشکاران،هنرمندان، هنر پیشگان و مجریان می‌شوند تا دایما" مورد تحسین تماشا چیان خود قرار گیرند.

- از فرزندانشـان برای رفع نیازهای عصبی خود استفاده می‌کنند. در تخیلات می‌پندارند کـه کـه فرزندانشـان هرگز آنها را ترک نخواهند کرد و به آنها همیشـه عشـق و احترام خواهند گذاشت و همیشه تحسینشان خواهند کرد.

- سعی می‌کنند که از فرزندانشـان آن عشـق مخصوص و تاییدیه‌ای را که به پدر و مادرشـان دریافت نکرده اند، دریافت کنند. برای بر انگیختن تحسینشان از هر نوع حربه‌ای استفاده می‌کنند.


تنها راه شـفا و درمان ناراحتی‌های عصبی بازگشـت به گذشـته و سـوگواری برای آنچه که از دسـت رفته اسـت، می‌باشـد. در غیر اینصـورت شخص عصبی همچنان با گذشـته‌ای دردناک دست به گریبـان خواهد بود . همانـد زهری برای خود و اطرافیانش عمل خواهد کرد.

**<u>ناراحتی‌های عصبی</u>**

در ناراحتی‌های عصبی عشق به کودک مشروط بوده و من از طریق رابطه عمیق عاطفی و بدون قضـاوت ما شـکل نگرفته. آینه وجودی پدر و مـادر برای تعکیس تمام وجود کودک شـفاف نبوده و کودک

نتوانسته خود را بشناسد و دریابد. وی همچنین حس نکرد که از جانب پدر و مادر مورد قبول، مورد تأیید، مورد دوست داشتن، مهم و قابل اهمیت بوده. لذا حس "من هستم" ارضا نشده و کودک زخمی درون هنوز به دنبال ارضای این حس می‌گردد. در این نوع ناراحتی‌ها شخص عصبی دنبال عشق، توجه و دوست داشته‌شدن می‌گردد تا کودک زخمی درون را آرام کند.

این خواسته‌ها هرگز ارضا نمی‌شوند زیرا اینها خواسته‌های کودک هستند و کودک همواره برای ارضای این خواسته‌ها به پدر و مادرش نیاز دارد و از این نیاز به دلیل طبیعیش نمی‌تواند سرپیچی کند. کودک همواره نیازش به وسیله دیگران رفع می‌شود لذا به دیگران وابسته می‌شود. (شخص عصبی)

## مشکلات اعتماد کردن

عدم اعتماد در رابطه پدر و مادر باعث ایجاد مشکل بی‌اعتمادی در کودک می‌شود. کودک حس‌می‌کند که دنیا محل خطرناک و ناامنی برای اوست. او نمی‌تواند آزادانه در محیط خود قدم بردارد و پیوسته برای انجام هرکاری به دنبال تأییدیه گرفتن از دیگری است و مشکل عدم اعتماد در فرزند سبب می‌شود که وی به احساسات و ندای درون خود نیز اعتماد نکند و به مرور زمان آن را به فراموشی خواهد سپرد و تنها از طریق عکس‌العمل برخورد خواهد کرد و نه از راه حس کردن. رفتار والدین تأثیر مستقیم در عملکرد کودک نسبت به اطرافیانش دارد و چنان‌چه پدر و مادر در اعمال، رفتار، کردار و گفتار خود دورو و دایما" غیر منتظره عمل نکنند و به خود اعتماد بکنند، فرزندان نیز به آنها اعتماد کرده و یاد می‌گیرند که چگونه به خود اعتماد کنند.

## ناراحتی‌های ناشی از عدم اعتماد:

بی‌اعتمادها یا زیادی به دیگران اعتماد می‌کنند و خود را ضعیف وانمود می‌کنند و یا در تنهایی و انزوا ارتباط خود را با دیگران قطع می‌کنند! به هیچ وجه با کسی که مشکل عدم اعتماد دارد به طور عمیق نمی‌توان رابطه عاطفی برقرار کرد. اولین و مهم‌ترین قدم برای رفع این مشکل ایجاد ابتدایی‌ترین نوع اعتماد می‌باشد. یادگیری اعتماد ابتدایی با شناخت عدم اعتماد و ریشه‌یابی آن شروع می‌شود. اگر شخص بتواند به دنیا اعتماد کند به قدرت‌های درون خویش نیز اعتماد می‌کند، به احساسات، عواطف، نگرش‌ها، برداشت‌ها و تمایلات خود نیز اعتماد می‌کند و از سستی درون رنج نمی‌برد.

## رفتارهای بیرون‌نمایی و درون‌نمایی

## 1- رفتارهای بیرون‌نمایی

آزارهای وارده را به دیگران انتقال دادن، گفتار و اعمال ناشایست نسبت به فرزندان نشان دادن و در لحظه به عقب برگشتن (عقب گرایی)، انفجار احساسی (خشم) و یا بچه شدن برای گرفتن حق خود به شیوه ناشایستی قیام کردن، قوانین ایده‌آلی و نه واقعی برای فرزندان گذاشتن، از جمله رفتارهای بیرون‌نمایی می‌باشد که شخص عصبی از خود بروز می‌دهد.

## 2- رفتارهای درون‌نمایی

زمانی که بیرون‌نمایی را در اندرون خود فرو می‌بریم، درون‌نمایی گفته می‌شود. در این شیوه شخص خود را به شیوه‌ای که در کودکی تنبیه شده، تنبیه می‌کند و احساسات حل نشده که در رابطه با گذشته در شخص وجود دارد اغلب بر علیه خود شخص استفاده می‌شود. مانند خشم ابراز نشده نسبت به پدر و یا مادر که در این وضعیت شخص را در بسیاری موقعیت‌ها محدود و محروم می‌کند و در بسیاری مواقع صدمات جبران‌ناپذیری به شخص و اطرافیان وی وارد می‌کند.

## علایم فیزیکی انرژی احساسی درون ریخته شده:

زمانی که شخص احساسات خود را به دلایل فوق به درون خویش فرو می‌دهد بیماری‌های مختلفی از این درون‌ریزی بروز می‌کند که می‌توان علایم آنها را در بیماری‌هایی که به آن اشاره می‌شود جستجو کرد:

بیماری‌های معده و روده، سردردهای مختلف، پشت درد، گردن درد، گرفتگی‌های عضلانی، آرتروز، آسم، حمله قلبی، سرطان و یا داشتن تصادف‌های مختلف از علایم خود تنبیه‌گرایی و درون‌ریزی احساسات و انرژی‌هایی که زاییده تجربیات تلخ گذشته هستند، می‌باشند و امروز زندگی ما را تحت‌الشعاع قرار می‌دهند.

با شناخت احساسات . انرژی‌های یخ زده درون و با بیداری نسبت به منشاء به وجود آورنده آنها می‌توان از انواع ناراحتی‌ها و دردهای جسمانی و روانی رهایی یافت و شادتر زیست!

## باورهای تخیلی

پدر و مادرهای به‌هم ریخته معمولا" باورهای تخیلی فرزندان را تشدید و تأیید می‌کنند. برای مثال باور اینکه بعضی حرف‌ها، حرکات، برخوردها و رفتارها می‌توانند واقعیت را تغییر دهند. همچنین فرزندان را مسئول احساسات ناخوشایند پدر و یا مادر دانستن و حس گناه را در وجودشان تقویت کردن. ببین چیکار کردی، مادرت مریض شد و یا تو پدرت را خشمگین می‌کنی، من همیشه می‌دونم تو چی داری فکر می‌کنی، ازدواج کنی خوب می‌شی و یا غیره ... این نوع باورها قدرت عملکرد را از شخص سلب کرده و سبب می‌شود تا وی در تخیلات به دنبال خوشبختی باشد.

<u>**نمونه‌هایی از اعتقادات تخیلی**</u>

- اگر پولدار بشم همه چیز درست می‌شود.

- اگر این مدرک را بگیرم دیگر نیاز به چیزی ندارم.

- اگر سخت کار کنم همه چیز خوب خواهد شد.

- منتظرم تا روزی زندگی‌ام عوض شود.

- بچه‌دار شدن همه مشکلات را از بین می‌برد.

- من حال پدرم را اینقدر بد کردم.

کودک زخم‌خورده بالغ اعتقادات تخیلی را همچنان با خود حمل می‌کند و همچنان منتظر است که چون افسانه‌ها روزی پایان خوشی را ببیند و با اضـطرابی از گذشـته و ترس از آینده دسـت به گریبان اسـت. لحظه‌ها را نمی‌تواند ببیند در تخیلات عمل می‌کند و حتی واقعیات را به درون تخیلات می‌کشاند.

<u>**مشکلات عاطفی و رابطه‌ای**</u>

کودک زخمی در بسیاری مواقع در ترس جدا شـدن و از دسـت دادن زیست می‌کند و دایم در حالی نگران و پریشان جلو و عقب می‌رود.

وی در ترس خفگی و له شدن، تنهایی را به داشتن یک رابطه عاطفی ترجیح می‌دهد و در ترس تنها ماندن در رابطه‌ای کشنده باقی می‌ماند.

به آسانی عاشق می‌شود و بعد از اینکه احساس عشق را به کلی حس کرد فرار می‌کند. دایم بین عشق و تنفر در نوسان است. از برقراری و یا نگه داشتن هرگونه رابطه‌ای می‌ترسـد. ناخواسـته و نادانسـته یارش را مورد آزار قرار می‌دهد.

کودک زخمی بالغ هرگونه رابطه‌ای را مسموم و آلوده می‌سازد. زیرا کـه در یـک خود تخیلی و ایده‌آلی بـه دنبـال زوج ایده‌آلی و تخیلی می‌گردد. نه خود را می‌شناسد و نه زوج را! در تخیلاتش با واقعیت‌ها کلنجار می‌رود تا بلکه گمشده دوران کودکی را پیدا کند ...

<u>**مرزها**</u>

بدون داشتن "حس خود" رابطه عاطفی غیرممکن است. اولین قدم در ایجاد حس خود به وجود آوردن حس محدوده یا حیاط خلوت است که خود نیز مکانی است که متعلق به شخص بوده و حریمی است که دیگران حق ورود یا تعرض بدان را ندارند. حیات خلوت هر شخص محدوده کاملا انفرادی و خصوصی وی می‌باشد که قابل تشبیه به مرزها و محدوده‌های فیزیکی مانند مرزهای یک کشور است که ما را از هجوم دیگران حفظ می‌کند. باید اول مرزها را مشخص کرد و بعد از آن را حفظ نمود.

این محدوده و مرزها را می‌توان به صورت‌های زیر تقسیم‌بندی کرد:

**مرزهای جنسی** ما را از رابطه جنسی ناخواسته محافظت می‌کند. در یک خانواده در هم ریخته مراحل رشد تکاملی جنسی کودک با برخوردهای ناشایست پدر و مادر مختل شده و در او اختلالات جنسی متفاوتی به وجود می‌آورد (مانند نخواستن فرزند دختر و یا پسر).

**مرزهای احساسی** به ما هشدار می‌دهند که چه وقت احساسی تمام شده و احساس دیگری شروع شده است، چه وقت در مورد خودم و چه وقت در مورد دیگری است.

**مرزهای هوشیاری و روحی** که اعتقادات و ارزش‌های ما را تعیین می‌کنند. نگاه داشتن مرزها و محدوده حیات خلوت ما را از هرگونه تعرضی از طرف دیگران مصون نگاه می‌دارد.

<u>**شکستن مرزها**</u>

زمانی که کودکی از طریق بی‌توجهی و یا آزارها زخمی می‌شود، مرزهایش مورد تهاجم و تجاوز قرار می‌گیرند و شکسته می‌شوند. در کودک ترس‌هایی به وجود می‌آورند که پایه‌های حرمت نفس و اعتقاد به نفس را در وی سست

می‌کنند و از وی انسانی بی‌ثبات و بدون داشتن مرزهای مشخص و محکم می‌سازند. شخص نمی‌داند مرزهایش از کجا شروع و به کجا

تمام می‌شـود. همچنین مرزهای دیگران را تشـخیص نمی‌دهد. گفتن "نه" و ایسـتادن برای خواسـته‌ها مشـکل و یا غیرممکن به نظر می‌رسد. ضوابط را نمی‌شناسیم و با روابط در هم می‌انگیزیم.

## رفتارهای بی‌نظم

عدم پاسخگویی به نیازهای کودک در سنین مختلف، رشد تکاملی او را مختل کرده و رشد او را در دوران متفاوت دچار مشکلات فراوان می‌نماید. فرزندان به پدر و مادرهایی نیاز دارند که خود آنچه را که به خورد فرزندانشـان می‌دهند زندگی می‌کنند. نظم به معنی یاد دادن است و نه تنبیه کردن. فرزندان یاد می‌گیرند که با راستگویی، صبر و شکیبایی، با خود روراست و صمیمی باشند، احساس مسئول بودن و بسیاری دیگر از احساسات رشددهنده می‌توانند شادی‌های فراوانی در زندگی به وجود بیاورند. پشـت گوش انداختن دایم، بی‌صبری و عدم شکیبایی، خودشیفتگی، لجبازی، بدون تعمق عمل کردن و سستی در کارها از علایم کودک بی‌نظم درون می‌باشـد که احسـاسـات ناخوشـایند را در کودک نسـبت به خودش تحریک می‌کند و از وی انسانی ناراضی و درهم و عبوس می‌سازد.

## نظم بیش از حد

نظم بیش از حد ماننـد: خشـکی در رفتـار، زیـادی مطیع بودن، مضـطرب بودن، زیادی کنترل شـده، مهرطلب بودن، روح خود را حس نکردن، نگران بودن، خود را پر از گناه شـرم دیدن و غیره از نشـانه‌های تحمیل زیاد نظم و انظباط از طرف پدر و مادر نسبت به فرزندان اسـت. با ایجاد تعادل در تعلیم و تربیت فرزندان از صـدمه زدن به آنها می‌توان جلوگیری کرد.

## رفتارهای معتادانه و مضطربانه

کودک زخمی عامل اصـلی به وجود آورنده‌ی اعتیاد و رفتارهای معتادانه می‌باشـد. رفتارهای معتادانه در زمینه‌های مختلف زندگی شخص را دچار مشکلات فراوانی می‌کند. مشکلاتی از قبیل اعتیاد به مواد مخدر، مشـروبات الکلی، سـیگار، غذا، اعتیاد به نوعی از فعالیت‌ها (کار، خرید، قمار، روابط جنسـی) اعتیاد ذهنی و فکری

مانند خود را در کارهای فکری و ذهنی غرق نمودن تا احساسات را حس نکند، اعتیاد به احساس کردن، اعتیاد به ترس، نگرانی، غمگینی، بدگویی، اعتیاد به لبخند

مصنوعی، پول، مادیات، هوس دایم و احتیاج دایم .... این نوع اعتیادات شخص را به خود مشغول کرده و در او حس بی‌تفاوتی و فرار از خود را سبب می‌شود وی با پرداختن به اعتیادات خود از خود فرار می‌کند و خود را بیشتر و بیشتر از خود پنهان می‌سازد. برای مثال برای فرار از تنهایی سیگاری روشن می‌کند. در این صورت عامل و دلیل اصلی تنهایی را جستجو نمی‌کند و درد تنهایی خود را با سیگاری التیام می‌دهد.

## فکر درهم و مغشوش

کودک در تمامیت فکر می‌کند (همه‌چیز یا هیچ‌چیز)، اگر دوستم نداری پس از من متنفر هستی، اگر پدرم به من بی‌توجه است پس همه مردها به من بی‌توجه خواهند بود، اگر مادرم دوستم ندارد پس همه زن‌ها دوستم نخواهند داشت (سیاه و سفید). کودکان در منطق فکر نمی‌کنند، در احساس عمل می‌کنند (من این‌گونه احساس می‌کنم پس باید این‌گونه باشد. اگر احساس گناه می‌کنم پس باید انسان بدی باشم). کودک نیاز به الگوی سالم دارد تا بتواند فکر را از احساس جدا کند. یعنی در مورد احساسش فکر کند و در مورد فکرش احساس کند. کودک در حساسیت و غرور فکر می‌کند.

یعنی همه چیز را به خود ربط می‌دهد، اگر پدرم هیچ‌وقتی برای من ندارد پس یعنی من بچه خوب، شایسته و لایقی نیستم و دیگر اینکه در من اشکالی وجود دارد. کودک بیشتر آزارهای وارده را این‌گونه تلقی می‌کند و قادر به درک و قبول نگرش شخص دیگری نیست. کودکی که نیازهای دوران رشد تکاملی‌اش برآورده نشده در بزرگسالی به نگرش کودکانه آلوده است. از فکرش برای عدم احساس غم و درد استفاده می‌کند و یا اینکه چون چیزی را می‌خواهم پس باید بخرم و غیره.... مثل سر را از قلب جدا کردن.

دو تا از معمولی‌ترین شیوه‌های مغشوش فکر کردن:

۱- کلی و جمعی دیدن، فکری را کلیت می‌دهد و تا حد زیادی خودش را ناراحت می‌کند و تمام زندگیش را تحت‌الشعاع این نوع نگرش قرار می‌دهد! برای مثال اگر پول دولت در زمان بازنشستگی من تمام شود چه می‌شود؟

۲- حساسیت و نکته‌سنجی، چقدر امروز لباست زیباست

-منظورت چیست یعنی دیروز زیبا نبود؟!

کودک زخمی بالغ شخص را در یک افسردگی مزمن به حالت خالی بودن نگه می‌دارد. این خالی بودن نتیجه تلاش برای فراموشی و از دست دادن خود واقعی و تلاش در

جلوه دادن خود دروغین می‌باشد. هرچه این تلاش قوی‌تر باشد حس خالی بودن بیشتر است. در خود دروغین، شخص با نیازها، احساسات و تمایلات واقعی خود در ارتباط نیست. کودک زخمی که سوراخی در روحش پدید آمده با خود دروغین سعی در ایجاد ارتباط می‌نماید لذا نیازها و احساسات خود دروغین را تجربه می‌کند. مانند اینکه یک زن خوب هرگز عصبانی نمی‌شود و یا یک مرد قوی هرگز گریه نمی‌کند. شخص دایما در حال هنرپیشگی می‌باشد و تظاهر می‌کند و در اثر تکرار این عمل، خود واقعی دیگر حضور ندارد (شبح) و خود دروغین (شبح) به عزای خود واقعی گمشده، افسرده و در هم می‌رود. کودک زخمی بالغ دایما سعی می‌کند تا نیازهای دیرینه دوران کودکی را برآورده کند. همانند دندان درد طولانی مدت، چون سایه با او همراه است و زندگی بالغ را در کلیه شرایط آلوده می‌کند. فقط با شناخت کودک و زخم‌هایش می‌توان او را شفا داد تا بالغ بتواند خود را بشناسد و رشد دهد و با مسایل و مشکلات زندگی برخورد سازنده کند و نه برخورد زخم خورده و تکراری.

## ساختار بافتی خانواده نزدیک

ساختار بافتی خانواده‌ای که به هم نزدیک هستند و با هم ارتباط متقابل برقرار می‌کنند، آنان را در مقابل خطر افسردگی با سدی که به وجود می‌آورند محافظت می‌کند. یکی از مهم‌ترین و کلیدی‌ترین حالت حمایت در خانواده، تشویق و حمایت مثبت و سازنده می‌باشد!

## فرزندان افسرده

از پدر و مادر تشویق کم و روابط عاطفی مثبت کمی دریافت می‌کنند. کمبود دریافت ارتباطات مثبت و کمبود دریافت حمایت‌های خانوادگی باعث می‌شود تا فرزندان در خود خلاء بزرگی را حس کنند که این خلاء عاطفی بزرگ و بزرگ‌تر شده در کودک آن‌چنان ایجاد افسردگی می‌نماید که می‌تواند در اثر عدم درمان به افسردگی مزمن تبدیل شود.

## انواع ارتباط برقرار کردن

- ارتباط امن و محکم با کودک

- عدم توجه و حضور و طرد کودک

- اول عکس‌العمل نشان می‌دهد، بعد کودک از مادر جدا می‌شود

- حضور دارد، حضور ندارد، هست، نیست

- رابطه درهم و نامشخص، بله، نه

## چرا فرزندان از پدر و مادر خشمگین هستند؟

- آنها را جدی نمی‌گیرند و به عقایدشان احترام نمی‌گذارند

- حقوق آنها را زیر پا می‌گذارند

- در تصمیم‌گیری‌ها آنها را سهیم نمی‌کنند

- به محدوده و حیاط خلوت آنها تجاوز می‌کنند

- به خواسته‌های آنها اهمیت نمی‌دهند

- به دنبال کنترل کردن آنها هستند

- می‌خواهند از آنها برگ برنده برای خود بسازند

- پدر و مادرها از بروز خود پنهان فرزندان جلوگیری می‌کنند! (خشم و مقاومت)

### اولین عناصر به وجود آورنده خشم در کودک انسان

- نپرسیدن از کودک در مورد علاقه‌اش به غذا، لباس، جای خواب، رنگ، اسباب‌بازی و ورزش دلخواهش

- جلوگیری از حق انتخاب کودک

- عدم اهمیت به نارضایتی‌های کودک در هر زمینه‌ای

- عدم اهمیت به علایم روانی نامناسب در کودک، مانند:

خواب، غذا و ارتباط او با کودکان دیگر

- عدم انعطاف‌پذیری پدر و مادر در مقابل کودک در موارد مناسب

- تبعیض قایل شدن پدر و مادر در مورد کودکان (پسر، دختر و غیره)

- مقایسه کودکان با یکدیگر از جانب پدر و مادر

- عدم حضور و یا بی‌حوصلگی پدر و مادر (بی‌توجهی)

- بدون اجازه وارد اطاق کودک شدن

- رفتار قدرت‌طلبانه و کنترل‌کننده پدر و مادر در هر دوره از رشـــد کودک

- سرزنش کودک

- عدم قبول کودک همان‌گونه که هست

- انتقال کمبودهای شخصی پدر و مادر به کودک

- عدم تأیید کودک

- بداخلاقی و عدم مزاح پدر و مادر

- بیماری مزمن و یا متناوب پدر و مادر

- اعتیاد پدر و مادر

- عدم رعایت اخلاقیات از طرف پدر و مادر

- دعواهای پدر و مادر

- نصیحت بیش از حد

- دستمالی بیش از حد کودک

- عدم اهمیت به زمان و مکان خواب کودک

- تعریف نابه‌جا و بیش از حد از کودک

- برخوردهای ناشایست با کودک در حضور دیگران

- مسخره کردن و یا تحقیر کردن دوستان کودک

- منفی‌گرایی نسبت به خواسته‌ها و یا عقاید مطرح شده کودک

- متهم کردن کودک

- آزادی بی‌بند و بار و بدون اصول و راهنمایی

ـ ترساندن و یا تهدید کردن کودک

ـ دروغ گفتن به کودک

ـ عدم اجازه به کودک برای ابراز احساسات خود

ـ کودک را شرمگین کردن

ـ حس گناه در کودک نسبت به خود و یا دیگران به وجود آوردن

ـ عدم ابراز عاطفه و دوست داشتن در حضور کودک

ـ منع کودک از ابراز حرکات طبیعی مانند خندیدن، گریستن، عطسه، سرفه، خمیازه و غیره

ـ عدم رعایت حال و احوال جسمانی و یا روانی کودک

ـ اجبار در هر کاری

ـ دخالت نابهجا در کارهای کودک

- توهین پدر و مادر به یکدیگر در حضور کودک

- کودک را سنگ صبور خود قرار دادن

- مسئولیت بیش از حد به کودک دادن

- مسئولیت ندادن به کودک

- بردن کودک به جاهای نامناسب

- دیدن فیلم‌ها و یا صحنه‌های نامناسب برای سن کودک

- سکوت پدر و مادر در مقابل اعمال غیر اخلاقی

- عدم برقراری ارتباط متقابل پدر و مادر با یکدیگر

- مظلوم‌نمایی پدر و یا مادر

- عدم ابراز احساسات پدر و مادر در حضور و یا مقابل کودک

- منع از بازی با نوع خاصی از اسباب‌بازی به دلیل جنسیت کودک

- عدم حمایت از روبه‌رو شـدن با خطر‌های جدی مانند: خوردن و یا دست نزدن به وسایل و یا غذاهای سمی و صدمه زننده

خشـم سـرکوب شـده در کودک منجر به عدم اعتماد به نفس و عدم حرمت نفس می‌شـود. با در نظر گرفتن نکات ذکر شـده می‌توان پیوسـته سـعی در بهبود رابطه مابین والدین و فرزندان داشـت و با تغییرات مناسب روحیه و سن کودک او را در رشد همراهی کرد.

**عشق هر لحظه می‌تواند به سراغ من بیاید، اما من آن‌چنان سرگرم بافتن آرزوها و امیدهای آینده هستم که حتی صدای در زدنش را هم نمی‌شنوم.**

<u>عشق آتشین رویایی چیست؟</u>

حالت عمیق غرق شـدن در شـخص دیگر اسـت که همان عشـق رومانتیک می‌باشـد. در این حالت شـخص دارای مشـخصات زیر می‌باشد:

- به‌هم خوردگی، حسـاسـیت بیش از حد، رویایی بودن، میل جنسـی زیـاد ( Anxiety relation, Intense feeling of tenderness, Sexual desire and Ecstasy) حالتی از اوج حالت‌های روانی و احسـاسـی که شـامل ضـربان قلب تندتر، عرق کردن، شـرم زیاد، دل‌پیچه همراه با یک حالت هیجان زیاد از جمله مشخصات این‌گونه عشق می‌باشد.

<u>**چه نوع علایمی افراد در این‌گونه شرایط از خود نشان می‌دهند؟**</u>

بر طبق گفته این افراد می‌توان نکات زیر را برداشت کرد:

- احساس می‌کنند نمی‌توانند فکرشان را کنترل کنند


- دایماً در حالت بالا و پایین رفتن به سر می‌برند

- دنبال لمس کردن و دسـت زدن به دیگری می‌گردند و دوسـت دارند که این کار نیز با آنها بشود

- زمانی که در رابطه همه چیز بر وفق مرادشان نیست عمیقا افسرده هستند

- اعتقاد دارند که هیچ‌کس دیگری نمی‌تواند مثل آنها عاشق باشد

- علاقه شدیدی به رابطه جنسی دارند

به نظر می‌رسـد که در مراحل اولیه رابطه، هرچقدر دو نفر کمتر یکدیگر را می‌شناسند شدت و حدت عشق آتشین بیشتر است، در این مرحله معمولا" دو طرف سعی می‌کنند که اشتباهات یکدیگر را ندیده بگیرنـد و از هر گونـه برخوردی جلوگیری و خودداری می‌کنند. هیجان جای منطق و دلیل را می‌گیرد به‌طوری که ممکن است شخص

صفحه 30

احســـاس کند که توجه و عشـــق و علاقه کامل را از طرف مقابل دریافت می‌کند.

بسیاری از افراد زمانی که در این مرحله از رابطه هستند یا تصمیم به زندگی کردن در کنار هم را می‌گیرند و یا ازدواج می‌کنند و بر اثر گذشـــت زمان متوجه می‌شـــوند چه اتفاقی افتاده. وقتی که دوران عشـــق و عاشـــقی بهشـــتی

تبدیل به واقعیت‌هایی مانند درگیر شدن دو طرف و معمولی شدن رابطه بین آنها می‌شود رابطه از حالت رویایی و آتشین به صورت معمولی در می‌آید و به واقعیت شخصیت دو طرف برخورد می‌کند.

تعدادی از افراد قادرند که در این موقعیت حساس برروی مســـایل و مشـــکلاتشـــان کار کنند و یک پایه قوی برای ایجاد یک رابطه عمیق‌تر و بادوام‌تر پیدا کنند. در حالی‌که بعضی‌از افراد متوجه می‌شـــوند که تنها چیزی که در این رابطه برای ایشان اهمیت داشته همانا آتشین بودن آن بوده و تصمیم به خارج شدن از رابطه را می‌گیرند.

متأسفانه خیلی از افراد وقتی متوجه کاهش یافتن آتش در رابطه می‌شوند گمان می‌کنند که این پایان عشـــق اســـت، نمی‌توانند درک کنند این نیز مرحله‌ای از عشق است تا جایی که بعضی‌ها عقیده دارند که: هرچند که عمر عشـــق آتشین کوتاه اســت اما طعمی همیشـــگی دارد! در این میان افرادی هم هستند که دوست دارند از حالت عشق آتشین هرچه زودتر به حالت واقعی و با دوام آن برسند.

## عشق همراه با متانت و درک (Compassionate)

**دوستی و همراه بودن:** عشقی است که کتر از عشق آتشین شدت و قـــدرت دارد و از خصوصـــیاتـــش علاقـــه زیاد دوستانه و نوعی از ارتباط عمیق است که براساس آشـــنایی زیاد می‌باشد.

در این نوع رابطه عاشقانه می‌توان نکات زیر را مشاهده کرد:

ـ اهمیت دادن والایی به یاری که دوستش دارید

ـ صبر زیادی برای قبول نارسایی‌های طرف مقابل

ـ علاقه بسیار زیادی که کمک به حل مشکلات می‌کند

در این نوع رابطه طرفین دایم در حال عشق دادن به یکدیگر هستند. به طور خلاصه عشقی که همراه با یاری و متانت و درک باشد، با دوام و متداوم است در حالی که عشق رمانتیک گذراست و عمر کوتاهی دارد.

روابط جنسی در رابطه‌ای عاشقانه که براساس دوستی و رفاقت برقرار است معمولا با حس آشنایی و دوستی عمیقی همراه هست و طرفین می‌دانند که در این رابطه چه چیزی دیگری را خوشحال می‌کند.

این چنین عشق عمیقی که پایه و اساسش از روی شناخت و اعتماد بین دو طرف باشد فضا را برای امتحان کردن و همچنین صحبت آرام و پرمحتوی باز می‌کند. بالا بودن لذت معاشقه هم باعث می‌شود که رابطه بین دو نفر قوی‌تر و محکم‌تر شود.


اگرچه رابطه جنسی معمولا هیجان کمتری نسبت به عشق آتشین دارد ولی از محتوایی بالا و پرمفهوم و عمیقی برخوردار است. کسانی که هر دو حالت را تجربه کرده‌اند می‌گویند "با اینکه می‌توانند احساس کمبود هیجان معاشقه در عشق آتشین را گاهی‌اوقات داشته باشند، اما حسی را که در رابطه جنسی براساس رابطه‌ای متین و همراه دارند را به هیچ وجه نمی‌خواهند از دست بدهند. هرچند که رابطه جنسی در عشق آتشین هیجان‌انگیز است اما نوعی اضطراب و تشویش را با خود به همراه دارد که در رابطه‌ای همراه با متانت و درک متقابل وجود ندارد.

اکثر روابط با یک دوره‌ای از عشق آتشین شروع می‌شود و پس از مدتی تبدیل به رابطه‌ای همراه با متانت و درک متقابل می‌گردد (عشقی رفیق و دوست). برخی دیگر درست عکس این تجربه را دارند به این معنی که از دوستی شروع می‌کنند و مدتی همدیگر را

می‌شناسند (همسایگی یا دوستی خانوادگی، فامیلی، حرفه‌ای و غیره) و بعدا رابطه‌ای عاشقانه برقرار می‌کنند. در این صورت عشق رمانتیک به جای این‌که فقط به هیجان ناشناخته ربط داشته باشد، براساس شناخت متقابل طرفین است که از محتوایی عمیق هم برخوردار می‌باشد.

## مثلث عشق چیست؟

براساس تحقیقات دکتر استرنبرگ (Sternberg) در عشق می‌توان سه زاویه را دید.

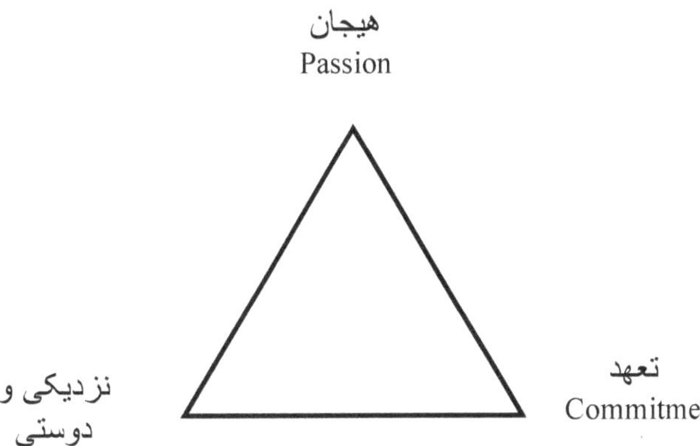


## هیجان (Passion):

مهره انگیزه‌دهنده‌ای که احساس رمانتیک را بیشتر می‌کند همراه با کشش جسمی و فیزیکی و علاقه که برای ایجاد رابطه جنسی لازم است. این هیجان باعث ایجاد علاقه‌ای شدید می‌شود که شوق دیدار معشوق را به وجود می‌آورد. به عبارتی یک نوع اعتیاد است که باعث به وجود آمدن علاقه‌ای بیش از حد است که لذت و تحریک را سبب می‌شود که در عین حال هوس را ناشی می‌سازد.

## نزدیکی و دوستی (Intimacy):

مهره حسی، روحی روانی یک رابطه عاشقانه است که باعث وصل شدن دو نفر می‌شود این ارتباط شامل احساس گرمی، شراکت و نزدیکی احساسی و روانی، دوستی و رفاقت که نتیجه‌اش بیان کردن افکار خصوصی و احساسات عمیق فی‌مابین است.

## تعهد (Commitment):

تعهد قسمت ذهنی و یا فکری عشق می‌باشد. قسمتی از رابطه که عاشق و معشوق به طور آگاهانه تصمیم می‌گیرند که یکدیگر را دوست داشته باشند حتی با وجود سختی‌هایی که در زندگی به وجود خواهد آمد.

استرنبرگ عقیده دارد که عشق رمانتیک و عشق خیالی سریع و با هیجان زیاد به وجود می‌آید و بر اثر گذشت زمان فروکش می‌کند ولی دوستی و تعهد که به طور مداوم در طول زمان بیشتر ساخته می‌شوند و رشد می‌کنند، با سرعتی پایین و آهسته عمل می‌نمایند.

هر سه عنصر هیجان، نزدیکی و تعهد برای ایجاد یک رابطه عاشقانه لازم و ضروری هستند ولی معمولا"به شکل‌ها و درصدی متفاوت در رابطه‌های عاشقانه وجود دارند و مهمتر اینکه سه عنصر سازنده رابطه عاشقانه در همان رابطه تغییر می‌کنند و این تغییرات به نوبه خود سبب می‌شوند که طرفین انواع مختلفی از عشق را تجربه کنند. اگر در یک رابطه هیچیک از سه عنصر وجود نداشته باشد آن را رابطه بدون عشق می‌نامند. این نوع رابطه را همه افراد در طول روز با اشخاصی که با آنها سر و کار دارند ابراز می‌کنند.

<u>انواع مختلف عاشق شدن</u>

### ۱- عشق برانگیزنده

در این نوع عشق شخص اهمیت بسیار زیادی به زیبایی ظاهری یاری که دنبالش می‌گردد می‌دهد، این نوع عاشق‌ها بیشتر با احساس دیدن و لمس کردن (احساسات و بدن) یارشان لذت می‌گیرند و به اوج می‌رسند، این یکی از رابطه‌های مورد علاقه اکثر انسان‌ها در تمام مراحل رابطه عشقی است.

## 2- بازی با عشق

این نوع عاشق‌ها دوست دارند که از عشق برای به دست آوردن لذت جنسی و هیجانات جنسی استفاده کنند بدون هیچ‌گونه تعهدی. در این مرحله، عشق یک نوع تفریح است. این‌گونه عاشق‌ها از جذابیت‌هایشان برای به هیجان آوردن خودشان استفاده می‌کنند و برای این نوع افراد رابطه‌ها خیلی سطحی و معمولی و گذرا هستند.

## 3- عشق تملکی با جنون حسادت در عشق

این‌گونه عاشق‌ها معمولا به دنبال جنون عشقی می‌گردند و در رابطه‌هایی که به وجود می‌آورند معمولا فراز و نشیب‌های فراوانی وجود دارد همراه با حسادت بسیار زیاد. این‌گونه افراد در رابطه مانند چرخ و فلک بالا و پایین می‌روند برای مثال اگر یارشان به آنها کوچک‌ترین محبت ابراز دارد گمان دارند که بهشت را به دست آورده‌اند و برعکس کوچک‌ترین بی‌توجهی برایشان بسیار دردناک و غیر قابل تحمل خواهد بود. این‌گونه رابطه عشقی طرفداران چندانی در گروه‌های مختلف سنی ندارد.

## 4- عشق با متانت و درک

این‌گونه عاشق‌ها در به وجود آوردن علاقه و تعهد بسیار آرام هستند ولی نوع رابطه‌ای که به وجود می‌آورند معمولا طولانی و بادوام است. نوسانات در این گونه رابطه عشقی وجود ندارد. این نوع عاشق‌ها رابطه را معمولا با دوستی شروع می‌کنند و با گذشت زمان رابطه را تبدیل به علاقه و عشق می‌کنند. این نوع رابطه در زوج‌هایی که دارای فرزند هستند بسیار مؤثر است.

## 5- عشق بدون انتظار (عشق از خود گذشته)

این نوع عاشق‌ها معمولا بدون انتظار از یارشان تمامی عشق و علاقه را با خلوص نیت و با تمامی وجودشان می‌دهند، بسیار با حوصله هستند. هیچ وقت طلب‌کار و یا حسود نیستند. این نوع عشق نیز مانند عشق رمانتیک بسیار مورد توجه گروه‌های سنی مختلف می‌باشد.

**6- عشق عملی یا عشق منطقی**

این نوع عاشق‌ها معمولا دوست دارند که یارشان را براساس منطق و فاکتورهای عملی (علاقه شبیه داشتن) که معمولا هم به راضی بودن هر دو طرف ختم می‌شود انتخاب کنند. اینگونه عاشق‌ها به عشق مانند کسب می‌نگرند و سعی دارند تا بهترین قرارداد را به دست بیاورند. اینگونه افراد معمولا دنبال یاری می‌گردند که به لحاظ تحصیلات، مذهب، شرایط اجتماعی و علاقه‌های گوناگون یکی باشند. اینگونه رابطه عشقی براساس تحقیقات انجام شده مورد علاقه هیچ گروه سنی نبوده.

## چه اتفاقی می‌افتد زمانی که دو نفر از دو گروه مختلف عشقی هستند؟

این سئوال زمانی مطرح می‌شود که دو نفر در رابطه‌ای متوجه می‌شوند که دو زبان مختلف صحبت می‌کنند و دایما در حال جدال و کشمکش هستند تا بتوانند رابطه‌ای عمیق و مداوم به وجود بیاورند و در عین حال می‌دانند که این رابطه غیرممکن است.

دلیل این اختلافات تعلق هرکدام به گروه‌های متفاوت است و در اصل این دو با هم یکی نیستند. به همین دلیل مهم‌ترین معیار انتخاب یار و داشتن یک رابطه بادوام و راضی‌کننده این است که یارتان همان نگرش و تمایلاتی را نسبت به عشق داشته باشد که شما دارید.

## عشق و تحریکات شیمیایی آن

کسانی که در مرحله عشق آتشین هستند، معمولا در سطح بالایی از اوج هیجان و انرژی که نتیجه زیاد شدن سه نوع ماده شیمیایی در مغز است می‌باشند که باعث می‌شود ارتباطات سلول‌های مغزی ایجاد شود. این سه ماده بسیار شبیه مواد مخدر عمل می‌کنند و تأثیرات آنها نیز به همان‌گونه است. وقتی که از کسی خوشمان می‌آید، در قسمت مرکزی مغز تغییر و تحولاتی به وجود می‌آید که شخص را دچار حالت هیجان‌زدگی می‌کند و به مانند مواد مخدر، بدن پس از مدتی نوعی از عادت را پیدا می‌کند و باید بیشتر و بیشتر از آن را دریافت کند تا به همان درجه از تأثیرات دست پیدا کند. به همین دلیل است که در ابتدای رابطه آتشین طرفین هیجانات زیادی را تجربه می‌کنند ولی پس از مدتی سلول‌های عصبی انتقال‌دهنده اشباع می‌شوند و در این زمان می‌گوییم که مرحله عشق آتشین پشت سر گذاشته شده است.

تأثیرات این مواد شیمیایی در مغز درست مانند مواد مخدر است و به همین دلیل است که زمانی که در این نوع رابطه احساس خطر از دست دادن یار را داریم و یا اینکه او را از دست داده‌ایم و دچار اضطراب و درد و رنج می‌شویم، حالتی شبیه به معتادان در شخص به وجود می‌آید و این به دلیل نبود مواد شیمیایی است که مغز به آنها اعتیاد دارد.

در مرحله‌ای که ما از حالت جنون و دیوانگی به مرحله وصل شدن عمیق می‌رسیم، یک‌سری دیگر از فعل و انفعالات شیمیای در مغز شروع می‌شوند. این ماده شیمیایی درست مانند مرفین عمل می‌کند و حالت آرامش را به وجود می‌آورد. به همین دلیل است که زمانی ک‌ـــــــــــــه                    ی                    ـــــــــار

می‌رود و جدا می‌شود چون مغز داروی خودش را دریافت نمی‌کند شخص بیمارگونه می‌شود و احساس بسیار بدی پیدا می‌کند.

## عوامل تشکیل‌دهنده‌ی عشق

فاکتورهایی که باعث به وجود آمدن عشق در افراد است را می‌توان به صورت زیر بیان کرد:

### ـ ارتباط و توجه بیشتر

هرچه بیشتر یک نفر را ببینیم و بیشتر با حرکات و رفتارش آشنا شویم بیشتر می‌توانیم با شخص احساس راحتی کنیم و با عکس‌العمل‌هایش در شرایط مختلف آشنا شویم.

### ـ اعتقادات مشترک

ارزش‌های مشترک، نوع برخورد به مسایل، علایق و توانایی‌های روشنگرانه، اشتراکات نژادی و فرهنگی هم در بسیاری از موارد انسان‌ها را به هم نزدیک‌تر می‌کند.

### ـ نوع دریافت از طرف مقابل

اینکه چگونه طرف مقابل ما را دریافت می‌کند، آیا علاقه‌مند هست یا نه؟ آیا سعی دارد با تشویق ارزش ما را بالا ببرد؟ به ما عشق می‌ورزد. یا اینکه با سخنان و حرکاتش به ما عشق را نشان می‌دهد؟ آیا با ما مهربان است یا نه؟ نکاتی هستند که باعث بالا رفتن و یا از بین رفتن عشق می‌شوند.

### ـ تمایلات ظاهری و کشش‌های جسمی

این یکی از فاکتورهایی است که برای بسیاری از افراد بسیار مهم است.

## چگونه می‌شود نزدیکی به وجود آورد؟

فقط و فقط از طریق عشــق به خود اســت که می‌توان قادر بود به دیگری عشــق داد و با او نزدیکی برقرار کرد، احترام به خود، توجه و اهمیت دادن به خود و همچنین داشــتن احســاس مثبت به خود از اولین شرایط داشتن یک رابطه سالم است.

## مراحل مختلف یک رابطه:

۱- برقرار کردن رابطـه کـه می‌توانـد از طریق یـک نگـاه، یـک لبخند و یا سلامی گرم باشد.

۲- جواب دادن: که به آن لبخند و یا نگاه و یا سلام است.

۳- اهمیت دادن: علاقه نشــان دادن به راحتی و شــادی دیگری است.

۴- اعتمـاد کردن: اعتمـاد دو طرفه یکی از مهم‌ترین فاکتورهایی است که به افراد کمک می‌کند تا رابطه‌ای سالم و بادوام به وجود بیاورند. مهم این اســت که هر دو مطمئن باشــند که دیگری در جهت مستحکم کردن رابطه قدم برمی‌دارد و می‌خواهد تا رابطه‌ای عمیق و بادوام به وجود بیاورد.

۵- نشــان دادن عشــق و علاقه و لمس کردن: نشــان دادن اینکه طرفین دوســت دارند نزدیک هم باشــند. نسـبت به هم گرم و با احســاس باشند (مثل گرفتن دست یکدیگر، نزدیک هم نشسـتن، یا به هم دســت زدن، بغل کردن، بوســیدن، یا فقط یک لبخند و یا چشــمک معنی‌دار، یک نگاه عاشـقانه و با محبت)، گفتن اینکه او را دوست دارید و از با او بودن لذت می‌برید، عشــق را دوچندان می‌کند.

6- بازی در عشق، این است که دو طرف با هم یک بازی را شروع می‌کنند و از این بازی لذت هم می‌برند و حال می‌کنند. بازی‌های متفاوتی در این زمینه بین عشاق متداول است.

7-عشق‌بازی و یا رابطه جنسی، نقش بسیار مهمی در یک رابطه عاشقانه دارد. زمانی که شما از مرز دوستی پا به مرز رابطه جنسی می‌گذارید، تمامی رابطه یک زاویه و نگرش جدیدی به خود می‌گیرد. به طور کلی رابطه‌ای که در آن رابطه جنسی هم وجود داشته باشد در آن پذیرش کمتری هست تا یک رابطه دوستی بدون رابطه جنسی.

لازمه داشتن یک رابطه سالم جنسی برخورداری از آرامش درون می‌باشد! بیشتر افراد تشخیص نمی‌دهند که با ارزش‌ترین عمل فیزیکی بین یک زوج سکس نمی‌باشد، بلکه در آغوش گرفتن است!

**چون شهوت ترک شود، عشق نمودار می‌گردد و از عشق هم اشتیاق پدید می‌آید، ارضا در عشق محال است زیرا بر اشتیاق افزوده می‌گردد تا به حال دردناک برسد، تسکین درد اشتیاق فقط با وصل میسر است، وصل عاشق با معشوق**